Auto-édition autopublication : faire soi-même, être auteur-éditeur

Documentation d'aide à l'auto-édition de livres

Du même auteur*

Certaines œuvres sont connues sous différents titres.

Romans

La Faute à Souchon : (Le roman du show-biz et de la sagesse)
Quand les familles sans toit sont entrées dans les maisons fermées
Liberté j'ignorais tant de Toi (Libertés d'avant l'an 2000)
Viré, viré, viré, même viré du Rmi !
Ils ne sont pas intervenus (Peut-être un roman autobiographique)

Théâtre

Neuf femmes et la star
Les secrets de maître Pierre, notaire de campagne
Ça magouille aux assurances
Chanteur, écrivain : même cirque
Deux sœurs et un contrôle fiscal
Amour, sud et chansons
Pourquoi est-il venu :
Aventures d'écrivains régionaux
Avant les élections présidentielles
Scènes de campagne, scènes du Quercy
Blaise Pascal serait webmaster
Trois femmes et un Amour
J'avais 25 ans
« Révélations » sur « les apparitions d'Astaffort » Jacques Brel Francis Cabrel

Théâtre pour troupes d'enfants

La fille aux 200 doudous
Les filles en profitent
Révélations sur la disparition du père Noël
Le lion l'autruche et le renard
Mertilou prépare l'été
Nous n'irons plus au restaurant

* extrait du catalogue, voir page 60

4

Jean-Luc PETIT

Auto-édition autopublication : faire soi-même, être auteur-éditeur

Documentation d'aide à l'auto-édition de livres

31 octobre 2013

Jean-Luc PETIT Editeur / livrepapier.com

Le portail de l'auto-édition :

http://www.auto-edition.com

Tout simplement et logiquement !

Jean-Luc PETIT

Auto-édition autopublication : faire soi-même, être auteur-éditeur

En 1998 j'ai publié *"Faire soi-même, être auteur-éditeur : les démarches ; documentation d'aide à l'auto-édition de livres."* Ce fascicule s'est arraché dans les salons du livre du sud-ouest, où de nombreux écrivains s'apercevaient pratiquer dans l'illégalité, quand les apprentis auteurs repartaient ravis de serrer enfin entre les mains la législation et des conseils fruits d'une véritable expérience.

Publier, en 2012, en ebook, ces informations alors auto-éditées et auto-imprimées n'aurait guère de sens. Mais elles m'ont servi à créer http://www.auto-edition.com en octobre 2000. Le site fut ensuite actualisé au gré des modifications législatives (dépôts légal, ISBN...) et de l'évolution du secteur.

Cet ebook conserve la structure initiale (dans un ordre légèrement remanié pour plus de clarté), tout en fournissant les informations 2012.

En 2013 : légère actualisation lors de la mise à disposition en papier (http://www.livrepapier.com). 2015 : les lois évoluent... Le guide également...

Furent ajoutées, deux parties :
- Edition numérique : le dépôt légal ;
- Edition numérique : publier sur les plateformes d'autopublication ou faire distribuer ses ebooks ?

Alors que la confusion auto-édition / compte d'auteur n'a toujours pas cessé, alors que tout et n'importe quoi s'écrivent sur le statut d'auteur-éditeur, ces données précises peuvent recéler un très grand intérêt pour tout écrivain réfléchissant à la manière de proposer ses écrits.

I) Protéger une œuvre

Résumé de la législation : le droit d'auteur est exclusif, seul l'auteur en dispose. Dès sa création, sans la moindre formalité à remplir, l'œuvre appartient à l'auteur. Mais en cas de copie, sans protection, il lui sera difficile d'en prouver la paternité.

Il convient donc de protéger vos textes (avant l'envoi à un éditeur, à une "sommité" ou même à un imprimeur), chez un huissier, un notaire ou une société d'auteurs.

La société d'auteurs la plus connue est :

Société des Gens de Lettres, SGDL
Téléphone : 01 53 10 12 00
Fax : 01 53 10 12 12

38 rue du Faubourg Saint Jacques
75 014 Paris

Ce dépôt est valable 4 ans et sera renouvelable pour une même période moyennant le paiement d'un nouveau droit.

Pour déposer une œuvre :

Envoyer, en recommandé, une enveloppe.
Dans cette enveloppe :

- un chèque de 241,20 francs en 1998, 260 francs en 2002, 40 euros plus tard et désormais, 2012, 45 euros TTC à l'ordre de la SGDL
- une enveloppe fermée par un cachet de cire et contenant l'œuvre.

Sur cette enveloppe écrire :
- Nom, prénom et adresse de (ou des) auteur(s),
- le titre de l'œuvre
- la première et la dernière ligne de l'œuvre

* Le titre d'un livre : un titre peut être protégé à la Société des Gens de Lettres.
Le catalogue des titres utilisés se trouve à la Bibliothèque Nationale.

Attention : passé 4 ans, il faut REPAYER ou TOUT est détruit...
DONC, déjà en 1998, je notais : À QUOI BON PAYER !!!...
La SGDL montre tellement peu de considération pour l'auto-édition, inutile de l'enrichir...

S'envoyer en recommandé - bien scotcher pour démontrer l'impossibilité d'ouverture - avec à l'intérieur une œuvre, n'a pas de VALEUR LEGALE mais s'avère UN INDICE DE PREUVE (dans le domaine CHANSON, la SACEM préconise d'ailleurs ce système...)
La meilleure preuve étant le DEPOT LEGAL : après édition.

En 2012, la SGDL pourrait présenter de beaux graphiques pour démontrer que le coût du dépôt de 4 ans n'a pas suivi l'inflation... mais l'offre est devenue totalement insignifiante. Pour moins de dix euros, de nombreux sites de « copyright » offrent une protection à vie + 70 ans.
J'utilise http://www.copyrightfrance.com

II) L'édition d'une œuvre écrite : trouver un éditeur ou être éditeur

1) Un éditeur "classique"

Signer un contrat d'édition avec un éditeur qui en contrepartie versera des droits d'auteur. Une centaine d'auteurs en France touchent des droits d'auteur annuel supérieurs au smic !

Combien d'auteurs ne touchent jamais de droits d'auteurs ? Parce qu'il y a « parfois » des problèmes...

2) Le compte d'auteur

Une société vous fait payer la publication... et « parfois » le maximum de services annexes...

Ce qui est le plus souvent facturé : correction manuscrit (le résultat est souvent risible), composition, impression, formalités déclaration légale, distribution, promotion, gestion des commandes, facturation, livraison d'exemplaires...

Un éditeur digne de ce nom doit prendre des risques sur un auteur, donc une société qui réclame de l'argent pour éditer un texte, qu'elle glorifie qui plus est, ne doit jamais être considérée par un auteur comme un éditeur digne de le publier.

TOUT CONTRAT PARTICIPATIF EST À REJETER

Quelques messages reçus sur le sujet par http://www.auto-edition.com :
- cette participation s'élèverait approximativement à 2000 euros...

- ...d'éditer le manuscrit de ma fille 11 ans ils m'ont demandé une participation au frais d'édition.
- la directrice qui lui propose un contrat demande une participation financière aux frais d'éditions.
- C'est un premier roman et cette participation est demandée pour toute la relecture, mise en page, pub démarchage etc. et une impression à 1000 exemplaires. Elle consiste en l'achat de 150 exemplaires. La maison a l'air sérieuse et était en son temps plutôt bien vue par le CARCLE. Qu'en pensez-vous ?

http://www.auto-edition.com n'a jamais caché son opposition au compte d'auteur. Le 26 juin 2007, j'ai été assigné au Tribunal de Grande Instance de Paris, par une société, Publibook, pratiquant le compte d'auteur.
Si les raisons et le dénouement vous intéressent :
http://www.auto-edition.com/27juin2007assignation.html

3) L'auto-édition

Faire soi-même. Etre son propre éditeur.

En nom propre, en bénéficiant de "la brèche juridique" (voir fiscalité - rubrique après publication) ou en association (ce n'est normalement pas le but de la structure associative mais, comme dans le domaine musical, la pratique est entrée dans les mœurs).

En 2012, la possibilité des ebooks n'est pas d'un autre ordre. Elle permet simplement d'économiser les frais d'imprimeurs et vendre à tarif très bas. Elle permet d'être présent sans les points de vente les plus fréquentés, ce qui n'a jamais été possible avec l'auto-édition en papier dans un pays où des distributeurs contrôlent les 25000 "librairies."

III) Pourquoi être aussi éditeur ?

1) L'envoi aux éditeurs classiques (grands, moyens et petits) s'est soldé par des refus

Il convient alors de se poser des questions essentielles avant d'opter pour l'auto-édition :

- Les éditeurs contactés correspondaient-ils à l'œuvre ?

- Faut-il continuer la recherche d'un éditeur ?

- Faut-il réécrire l'œuvre ?

- L'œuvre ainsi achevée mérite-t-elle d'être publiée ?

Même si l'idée dérange l'ego : il faut souvent réécrire un texte refusé par l'ensemble des éditeurs ; comme dans toutes les règles, il existe des exceptions...

2) Après l'envoi aux grandes maisons d'édition et leur refus, faut-il passer par un petit éditeur ?

Il ne fait pas bon être petit éditeur de nos jours ! Les médias ont peu de considération pour eux. Les libraires préfèrent travailler avec des éditeurs qui assurent du chiffre, des ventes rapides.

Donc à quoi bon avoir un petit éditeur ? À être édité, à être dans le monde de l'édition. Pour l'honneur ! Souvent pour entrer dans le monde de l'édition. Mais pas en vivre... Avoir un petit éditeur, c'est être obligé de conserver une activé annexe.

En cas d'activité annexe, cette voie peut être préférable à une autoédition à laquelle l'auteur n'aura pas le temps d'accorder un temps suffisant pour effectuer la promotion.

Attention : les "petits éditeurs" font souvent... faillite... mais cela peut servir... à OBTENIR une bourse d'un CENTRE REGIONAL DES LETTRES !... alors qu'en auto-édition, pour ces gens-là, vous n'existez pas (en tout cas en région Midi Pyrénées de Martin Malvy)

En 2012... également envoyer ses manuscrits à un éditeur 100% numérique ? Je ne soutiens pas les éditeurs 100% numériques. Comme les auteurs indépendants, ils ont des difficultés à obtenir du média. Est-ce la conséquence de critères de sélection peu relevés ? J'ai trop peu lu d'ebooks sortis de ces maisons pour me prononcer mais je constate que les auteurs passés par cette filière ne semblent pas truster les premières places de meilleures ventes des boutiques numériques. Les inconvénients sont aussi ceux des éditeurs classiques : l'éditeur fixe le prix de vente et le taux des droits d'auteurs n'est pas toujours signalé sur les sites...

3) Le refus de l'édition classique.

Les droits d'auteur se négocient traditionnellement de 8 à 12%. Alors que l'auto-édition, dès quelques centaines d'exemplaires vendus devient RENTABLE.

Etre son propre éditeur permet de vendre sans intermédiaire. Cette démarche se rencontre plus souvent dans la musique mais comme dans la musique, pour en vivre (et non pour se faire plaisir en sortant un bouquin de temps en temps tout en ayant des revenus annexes) il faut DU TEMPS et du SERIEUX.

La liberté, l'absence de contrôle rédactionnel, a son revers : absence de "relectures" (attention aux fautes ; les services d'une correctrice sont conseillés), absence de réseau de distribution (c'est souvent le cas aussi chez les petits éditeurs), un a priori défavorable chez les journalistes et lecteurs.

MAIS C'EST AUSSI : UN CHOIX DE VIE.

2012 : l'édition numérique peut permettre à un auteur indépendant de bénéficier d'un réseau de diffusion. Je suis ainsi distribué par http://www.immateriel.fr

IV) La composition d'un livre

En 1998, il était encore nécessaire de préciser : passer par un atelier de composition coûte très cher. Alors que le matériel informatique nécessaire à cette composition atteint l'abordable.
Ne soyez pas surpris si une société vous demande plus cher pour effectuer la composition de votre manuscrit tapé à la machine que le prix de l'ordinateur et l'imprimante laser !
Sauf finances conséquentes, il convient d'éviter les ateliers de composition.

Pour effectuer soi-même la composition, il fallait alors :

- un ordinateur équipé d'un traitement de texte.
- une imprimante laser de résolution minimale pour un travail correct de 300 dpi.

Les compétences pour un tel travail sont minimes et facilement assimilables.
Si vous ne souhaitez pas ou ne pouvez pas investir dans le matériel informatique, essayez de l'emprunter, de trouver un employeur, un proche ou une association qui vous laisse l'utiliser (mon premier livre, en 1991, fut saisi chez mon employeur... après mes heures de travail... presque toujours !...)
L'ordinateur est désormais d'usage courant.

Depuis quelques années, tout auteur-éditeur se doit de fournir un document PDF prêt à tirer à l'imprimeur.
J'utilise CutePDF, logiciel gratuit, pour transformer un document texte (word ou works) en PDF.

Un livre ou "autre chose" ?

Des personnes vendent des photocopies agrafées, parfois reliées. Certes, c'est nettement moins cher. Parfois même gratuit quand on a accès à une photocopieuse. Mais ces "choses" n'ont, à mon humble avis, rien à voir avec l'édition.
Il convient donc, quand on veut se prétendre auteur et éditeur, d'éditer un vrai livre, un livre dont fond et forme seront à l'abri des cinglantes critiques d'incompétence.
N'oubliez jamais que si vous ne passez pas par un éditeur classique, de préférence parisien, vous devrez vous imposer, donc séduire des gens...

Le format :

Tous les formats sont possibles ! Le format le plus classique est 14,8 * 21 cm. Pour trouver votre format préféré, la solution la plus rapide est de regarder ce qui se fait, en librairie ou bibliothèque.

La couverture du livre :

Nom ou pseudo de l'auteur
Titre
Domaine (roman, essai, poésie...)
Nom de l'éditeur : votre nom précédé de "Editions" ou suivi de "Editeur" ou un nom fictif (qui n'existe pas déjà bien sûr) ou "autoédition" ou "auteur-éditeur"...

4eme de couverture : (le dos du livre)

N° ISBN et prix en bas. Le reste de l'espace est à votre disposition.
La loi n° 81-766 du 10 août 1981 oblige un prix unique pour le livre. Il est fixé par l'auteur éditeur. Les libraires sont toutefois autorisés à pratiquer des remises n'excédant pas 5 %.

L'intérieur du livre :

Il convient de respecter quelques règles :

Pages 1 et 2 : blanches

Page 3 : titre du livre

Page 4 : "du même auteur"

Page 5 : reprise des données de la couverture

Page 6 : copyright. Le copyright est obligatoire, il permet d'identifier le propriétaire des droits, notez :

> Le symbole copyright (©) suivi de : nom du propriétaire des droits (l'auteur-éditeur), ville de résidence, année du dépôt.

Dernière page :

COMPOSITION : nom de la personne ou nom et adresse de la société qui effectua la composition

Achevé d'imprimer

Sur les presses de l'Imprimerie X

à Y en Mois Année

N° d'imprimeur : il est communiqué ou sera ajouté par l'imprimeur.

ISBN : votre numéro d'ISBN pour ce livre

Dépôt légal : Mois Année

(Imprimé en France)

Ces données, vous les retrouvez sur les livres des éditeurs classiques. Une nouvelle fois : n'hésitez pas, pour la mise en page comme pour le format, à regarder ce qui se fait, l'originalité a ses partisans mais trop d'originalité peut aussi susciter le rejet...

V) Avant l'édition... demande ISBN

L'ISBN (International Standard Book Number) est un numéro international normalisé permettant l'identification de tout livre publié.

Aux termes du décret n°8168 du 3 décembre 1981, pris pour l'application de la loi relative au prix du livre, ces numéros doivent figurer sur tous les exemplaires d'une même œuvre soumise au Dépôt légal, ainsi que sur les déclarations de dépôt de l'imprimeur et de l'éditeur.
Ces numéros constituent, en France et à l'étranger, des points d'accès privilégiés à l'information bibliographique.
L'ISBN est géré par l'Agence Francophone pour la Numérotation Internationale du Livre, AFNIL - 35 rue Grégoire de Tours, 75006 Paris.
Téléphone : 01 44 41 29 19
(Boîte vocale d'informations uniquement, les demandes sont à faire par fax, courriel ou courrier)
Télécopie : 01 44 41 29 03
Courriel : afnil@electre.com
(www.afnil.org)
Le 1er janvier 2007, l'ISBN à 10 chiffres fut remplacé par l'ISBN-13, à 13 chiffres. Qui est donc identique à l'EAN, le code barre (mais laissez les séparations dans l'affichage de l'ISBN).
Si vous possédez encore de vieux numéros d'ISBN à 10 chiffres, il convient de les convertir en 13 chiffres et recalculer la clé. Le site de l'Afnil l'explique clairement.

POUR DEMANDER VOTRE NUMERO ISBN :

Dans le cadre du Système international de numérotation des livres géré par l'Agence internationale de l'ISBN (http://www.isbn-international.org), l'AFNIL (Agence

francophone pour la numérotation internationale du livre) est chargée d'attribuer des ISBN (International Standard Book Number) aux maisons d'édition, associations, particuliers,
entreprises, organismes privés, désirant publier ou produire des ouvrages.

Un manuel de l'utilisateur précisant les modalités d'attribution, d'utilisation et d'intégration de l'ISBN dans le code-à-barres est fourni par l'AFNIL lors de l'attribution des numéros.

Il vous suffit de demander un indicateur éditeur ainsi que les numéros ISBN pour vos X prochaines publications.

X : le nombre de livres que vous pensez éditer dans les prochaines années. Soit 10, 100, 1000.

Désormais, les ebooks ont droit aux numéros d'ISBN. Et si vous les distribuez correctement, pour chaque livre, il vous en faudra un pour le format PDF, un pour l'epub, un pour Amazon (le kindle ne fonctionne pas un document epub normalisé)...

Le premier numéro d'ISBN figurera sur votre première publication. Ce numéro vous permettra d'être référencé. ATTENTION sans ISBN : refus du dépôt légal...

Problème rencontré par certains auteurs : l'impossibilité d'obtenir un numéro ISBN pour leur auto-édition...
L'AFNIL demande le nom d'un imprimeur : fournissez celui de notre devis retenu, page suivante)... et notez TIRAGE : 1000 exemplaires (en dessous, certains auteurs m'ont signalé des refus... mais depuis l'obligation de fournir des numéros d'ISBN pour l'édition d'ebooks, la pression semble s'être restreinte)

Question fréquente :

Est-il facile d'obtenir un N° ISBN pour 100 ouvrages ? J'en fais imprimer 100, puis d'autres si ça part bien...

Quant au code-barres physique, sur la quatrième de couverture, soit votre imprimeur l'ajoutera soit, et c'est préférable, vous le fabriquez avec un générateur gratuit. J'utilise "Code-Barre Generator."

Avant l'édition...

Montrez le plus possible votre travail. Surtout aux personnes qui n'auront pas la gentillesse de forcément vous trouver génial. Pris dans un texte, on peut très facilement laisser passer des coquilles très préjudiciables par la suite...

Choisir son statut : travailleur indépendant surtout pas société au premier livre. Vous pouvez, en 2012, proposer auteur-éditeur lors d'une demande d'auto-entrepreneur.

VI) Subventions ?

Des aides aux entreprises d'édition peuvent être attribuées par la Direction du livre et de la lecture (subventions), par le Centre national du livre (avances remboursables) ou, à l'échelon régional, par les directions régionales des affaires culturelles (subventions).

Le Centre national du livre attribue également des aides à la publication sous forme d'avances remboursables ou de subventions selon la catégorie éditoriale... Les Centre Régionaux des Lettres financent aussi...

DEMANDER DES SUBVENTIONS...
Est-ce raisonnable ? Je ne l'ai jamais fait... Je dénonce même en vain depuis des années la politique anti auto-édition du CRL Midi-Pyrénées.

VII) Le choix d'un imprimeur

Objectif : trouver le meilleur rapport qualité/prix. Le critère de la facilité des relations avec l'imprimeur est souvent aussi essentiel.

http://www.auto-edition.com propose depuis plusieurs années le devis de l'imprimeur de mes livres :
http://www.auto-edition.com/devised.php3

Pour demander des devis, précisez toujours vos désirs :

Format : exemple 14,8 * 21 cm
Livre relié (dos collé) ou autre façonnage

La quantité souhaitée : imprimer moins de 200 exemplaires c'est subir un prix de revient à l'unité très élevé.

Intérieur :
    Nombre de pages : de préférence un multiple de 32
    Type de papier : exemple blanc offset 80 g
    Le nombre de couleurs : exemple 1, noir
    L'état du travail que vous présenterez : exemple, sorties laser prêtes à filmer fournies. Préférez PDF Imprimeur !

Couverture
Type de papier : exemple blanc 224 grammes.

Le nombre de couleurs : exemple 2, noir et bleu. Mais désormais la quadri n'est plus hors de prix. Il serait dommage de vous priver d'une couverture en quadri en 2012. Et fournissez aussi la couverture en PDF. Les sorties laser prêtes à filmer, c'était bon en 1998 !

Précisez si vous souhaitez un pelliculage (brillant ou mat) de la couverture.

Attention : comme dans tout corps de métier, il peut se rencontrer des personnes peu scrupuleuses... renseignez-vous toujours avant de signer...

Actuellement, le plus souvent, les imprimeurs réalisent des impressions en offset dès 1000 exemplaires. Pour moins il est plus intéressant d'utiliser une « machine numérique. »

VIII) URSSAF

L'URSSAF. Et donc les charges sociales...
ON FAIT PARFOIS PEUR AUX AUTEURS EN AGITANT LE TERME URSSAF... Juste : Attention aux années fiscales... Chaque année fiscale : bénéfices imposables ou déficit déductible... qui servent de base au calcul de vos charges sociales de l'année suivante.

Comme pour les impôts, c'est CHAQUE ANNEE... (donc si vous éditez en décembre 2012, vous avez un déficit en 2012 (si vous n'avez pas d'autres ventes) qui viendra se fondre avec vos autres revenus et aurez sûrement un bénéfice en 2013... d'où l'intérêt de l'édition numérique qui permet d'imprimer la quantité à vendre durant l'année).

Dès votre affiliation à l'URSSAF, vous recevrez un appel de cotisation basée sur un revenu estimé.

Mais il existe des dispenses de cotisations (texte désormais sur http://www.urssaf.fr) : "*vous pouvez être dispensé du versement de la cotisation personnelle d'allocations familiales et de la CSG/CRDS si vous justifiez pour 2012 d'un revenu professionnel inférieur à 4 740 euros.*
Si vous justifiez pour l'année 2010 d'un revenu professionnel inférieur à 4 670 euros, vous serez exonéré du versement de la Contribution à la Formation Professionnelle (CFP) de l'année 2011 exigible en février 2012."
Lors de cet appel de cotisation vous pouvez payer et attendre le remboursement ou renvoyer cet appel en précisant que vous êtes certain(e) de ne pas dépasser le seuil de bénéfices durant l'année...

En résumé : ne dépassez pas 4500 euros de bénéfice annuel... ou vivez vraiment de votre activité. Ainsi, sachez étaler dans le temps vos ventes et vos charges. L'impression numérique à 500 exemplaire le permet (charges et recettes la même année plutôt qu'être déficitaire de 3000 euros une année puis bénéficiaire l'année suivante... il n'existe pas de report). Naturellement, le véritable objectif doit être de vivre vraiment de son activité d'auteur-éditeur mais l'auteur auto-édité doit aussi savoir gérer la fiscalité.

L'auteur-éditeur N'A PAS à inscrire à la Chambre du Commerce. Il n'a pas besoin de numéro RCS (registre du commerce et des sociétés) et le numéro de SIRET lui est attribué comme travailleur indépendant, profession libérale.

IX) Affiliation SIRENE

Code APE 9003B

Ma première déclaration auteur-éditeur aux impôts déclencha une demande du service des impôts... avec demande d'inscription SIRENE (j'ai aussi eu une demande de taxe professionnelle... le service des impôts, après appel, a reconnu son erreur.... elle n'existe plus mais d'autres sommes peuvent être réclamée à tort...)

L'affiliation SIRENE : code APE 9003B Autres Activités Artistiques (numéro de SIREN plus numéro de SIRET - établissement)
Cela ne me coûte rien. Et permet d'être reconnu comme travailleur indépendant.

X) SECURITE SOCIALE

MA SECURITE SOCIALE... est désormais gérée par le RSI : travailleur indépendant auteur-éditeur... Donc Assurance maladie des professions indépendantes... (lors inscription à URSSAF)

L'AGESSA (Association pour la Gestion de la Sécurité Sociale des Auteurs), ce n'est pas pour nous ! Nous sommes d'abord des travailleurs indépendants.

XI) TVA

Avant de passer au stade professionnel, sauf si vous le demandez, vous êtes exonéré de la TVA sur les ventes.
Quand l'auteur-éditeur vend directement, sans intermédiaire, sur ses factures, il note :"auteur-éditeur, non assujetti à la TVA".
Et précise : « taxe sur la valeur ajoutée non applicable, article 293B du C.G.I »

Mais tout revendeur sera logiquement assujetti à la TVA.
5,5% puis 7% au 1er avril 2012 et retour à 5,5% en 2013.
Il faut suivre...
Dès que vous devenez professionnel, même si vous ne dépassez pas le seuil d'assujettissement automatique à la TVA, il me semble préférable de demander au centre des Impôts à devenir assujetti à la TVA. Il y aura certes 5,5% du prix de vos livres vendus directement qui partiront dans les caisses de l'état mais en contrepartie vous bénéficierez du remboursement de la TVA déductible, le plus souvent à 19,6% (ordinateur, voiture...) 20% en 2014 ?

XII) Dépôt légal

LE DEPOT LEGAL en FRANCE... du livre en papier.

Le régime du dépôt Légal, organisé par la loi du 21 juin 1943 et le décret du 21 novembre 1960, a pour but :

- De permettre la constitution d'une documentation centrale à laquelle peuvent se référer les services publics de l'Etat.
- D'assurer la conservation de la pensée écrite et de l'expression artistique.

Un double dépôt a été institué :

- à la Régie du Dépôt Légal au MINISTERE DE L'INTERIEUR, pour les éditeurs.
- au service du Dépôt Légal à la BIBLIOTHEQUE NATIONALE, pour les éditeurs et les imprimeurs.

Depuis le décret 2006-696 du 13 juin 2006 (le *Journal Officiel du 15 juin 2006*), le dépôt légal pour l'éditeur est modifié :
- Deux exemplaires des ouvrages à la bibliothèque nationale (décret du 19 mars 2015 : le dépôt légal éditeur à la Bibliothèque nationale de France : un seul exemplaire)
- et surtout : fin du dépôt au ministère de l'intérieur.
De même, l'obligation de fournir des déclarations globales des chiffres des tirages successifs est supprimée.

En résumé, depuis le décret du 19 mars 2015 : un exemplaire à déposer à la BNF.

Pour l'éditeur (donc l'auteur-éditeur), 48 heures avant la mise en vente ou en distribution, il convient de :

- Envoyer UN exemplaire de l'œuvre et trois exemplaires de la déclaration de dépôt (voir modèle ci-dessous) à :

Bibliothèque nationale de France
Service du dépôt légal
Section LIVRES Quai François Mauriac
75706 Paris cedex 13
Tél : 01 53 79 43 37
Fax1 : 01 53 79 46 00
Fax2 : 01 53 79 85 86

Ces envois DOIVENT ENCORE bénéficier plus de la franchise postale (indiquer sur l'envoi, en haut à droite, à la place du timbre : « Franchise Postale, Dépôt légal, Code du Patrimoine Article L. 132-1 »)

Quant au <u>Dépôt légal imprimeur</u> (si vous êtes votre propre imprimeur) : un exemplaire aux bibliothèques du dépôt légal.

SI vous êtes votre propre imprimeur :
Paris et Ile-de-France : Bibliothèque nationale de France
Service du dépôt légal
Section LIVRES Quai François Mauriac
75706 Paris cedex 13 Tél : 01 53 79 43 37
Fax1 : 01 53 79 46 00
Fax2 : 01 53 79 85 86
1 Exemplaire (avant le 15 juin 2006 : 2 exemplaires)

Régions : Bibliothèque habilitée (bibliothèque régionale) : 1 exemplaire

Un exemplaire de la déclaration de dépôt sera retourné à l'auteur-éditeur par la Bibliothèque Nationale.

Toute édition (livres, brochures, estampes, gravures, cartes postales, affiches...), qu'il s'agisse d'une nouveauté, nouvelle édition ou réimpression, exige un dépôt légal. Ce dépôt recouvre aussi bien le contenu que la forme (ainsi doit être déposé pour un même ouvrage chaque série, brochée, cartonnée, reliée...)
En plus des obligations du dépôt légal relevant de la loi du 21 juin 1943, les éditeurs de publications destinées à la jeunesse ont obligation par la loi du 16 juillet 1949, au dépôt de 5 exemplaires au :

Ministère de la Justice
4 place Vendôme
75042 Paris Cedex 01

Pour plus informations voir :
http://www.bnf.fr rubrique PROFESSIONNELS, DEPOT LEGAL

* La déclaration de dépôt est à demander à la Bibliothèque nationale. L'imprimé et les conseils pour le remplir se situent page :
http://www.bnf.fr/documents/declaration_dl_imprimes.pdf

Et en 2013, il est arrivé, le "dépôt légal en ligne" :
http://depotlegal.bnf.fr
(il faut néanmoins toujours envoyer les livres par la poste, en franchise postale)

déclaration de dépôt légal - éditeur livres
et autres documents non périodiques

{ **BnF**
Bibliothèque nationale de France

cerfa
n° 10069*03

A Identification du déposant

téléphone

courriel

signature
du déposant

à

le

1 |— Nom (ou raison sociale) et adresse*

B Descriptif du document déposé

dépôt obligatoire en 2 exemplaires (4 exemplaires si tirage est réitéré à 300 exemplaires)

2 |— ISBN

3 |— auteur(s)

nom, prénoms	date de naissance	pseudonyme

4 |— document

titre

titre de
la collection

numéro dans
la collection

ISSN |___|___|___|___| - |___|___|___|___|

5 |— édition
- [ ] nouveauté
- [ ] broché
- [ ] nouvelle édition
- [ ] relié

6 |— nom (ou raison sociale) et adresse de l'imprimeur

nom (ou raison sociale) et adresse du dernier façonnier

format en cm

nbre de pages

chiffre déclaré
7 |——— du tirage

prix de vente
au public

nombre d'exemplaires
8 |— déposés   [ ] 1   [ ] 2

date de mise
à disposition du public

C Lieu de dépôt

9 |— Bibliothèque nationale de France
Dépôt légal - Livres
Quai François Mauriac
75706 Paris Cedex 13

Téléphone : 01 53 79 43 37
Télécopie : 01 53 79 45 60
depotlegal.livres@bnf.fr

Déclaration à compléter et à joindre en 3 exemplaires à chaque titre déposé   T.S.V.P.

34

XIII) IMPOTS

N'ayez pas peur des impôts ! Si vous vendez correctement, vous aurez même légitimement une grande satisfaction d'en payer. Et si vous gagnez suffisamment pour en vivre pauvrement et que cela constitue votre unique source de revenus pour un travail à temps plein, vous aurez même la joie de recevoir la prime pour l'emploi.

En plus de la classique feuille de déclaration d'impôts, il vous faut demander le formulaire 2035 K (REVENUS NON COMMERCIAUX et assimilés, régime de la déclaration contrôlée) ainsi que le formulaire 2035 B-K (compte de résultat fiscal).

Chaque année fiscale, vous obtiendrez donc en bas de votre formulaire 2035 B-K, un bénéfice imposable ou déficit déductible, à reporter dans le résultat fiscal de l'année dans le formulaire 2035 K, à déposer « *au plus tard le deuxième jour ouvré suivant le 1er mai.* »
Montant qu'il vous faudra noter dans votre déclaration d'impôts générale "Revenus non commerciaux professionnels, régime de la déclaration contrôlée".

Je vous conseille d'utiliser cette déclaration : les FRAIS REELS et non le FORFAIT (si vous utilisez le forfait vous serez considéré bénéficiaire par rapport aux ventes même si les charges sont plus importantes !...)

Consulter le centre des Impôts dont vous dépendez lors d'une première déclaration d'auteur-éditeur est préférable.

XIV) La vente

Tous les livres ont, en principe, droit aux rayons des libraires.
Dans notre chère réalité, certaines librairies acceptent de prendre en dépôt les livres qui ne sont pas publiés par un auteur d'une grande maison d'édition. Le montant de la remise que l'auteur doit consentir est à discuter.
PRATIQUES : Entre 20 et 40 %.

En 1998, je notais : entre le faire-savoir et le savoir-faire, j'ai opté pour la seconde formulation. J'ai la conviction, peut-être naïve, que le savoir-faire est suffisant, même si certain(e)s font fortune grâce au faire-savoir. Mais est-ce la vocation d'un auteur ?

Puis MON CAS est devenu particulier (comme tous les cas !), particulier niveau média, depuis qu'internet fait de l'auteur un média de référence (80 000 abonnés au webzine)...

Dans tous les cas, il faut, au minimum, se faire connaître des acheteurs potentiels. Vous pouvez :

- Le marketing direct, le mailing.
- Les diffuseurs (remise classique 55%)
- Les dépôts dans un maximum de librairies
- La publicité insérée dans les journaux, avec coupon réponse
- Les salons du livre
- En 2012 : Internet, forcément. Un vrai site. Un blog. Les médias sociaux.

Pour vendre sur la voie publique, il convient de se déclarer en préfecture "colporteur ou distributeur de livres, écrits,

journaux". S'adresser à la Direction des Liberté Publiques
et des Collectivités Locales. En préfecture.
Au sujet des LIBRAIRES : certes, si vous connaissez
BIEN un libraire... normalement, ça se passera BIEN...
Mais il est "parfois" difficile... d'être payé... le responsable
n'est pas là... vous tombez mal...

C'est politiquement très incorrect mais je vous conseille
de lire "Livre papier : Amazon, le seul vrai libraire en
France"
http://www.librairie.mobi

XV) Edition numérique : le dépôt légal

(repris avec de légères modifications du *dernier guide de l'auto-édition numérique* http://www.auto-edition.com)

Le dépôt légal du livre papier est un des piliers de l'édition en France. Pour le livre numérique, nous attendons toujours une véritable implication de l'Etat.
Certes, la Bibliothèque Nationale de France n'est pas totalement aveugle, elle connait l'ebook :

Cas des livres numériques (e-books)

Le dépôt légal concerne les e-books ou livres numériques, termes utilisés pour désigner un objet numérique ressemblant en partie à une monographie imprimée sur papier et diffusé en ligne.

Seul le contenu (le texte numérique ainsi que les fonctions d'annotation, les outils interactifs, etc.) est visé par le dépôt légal, et non l'outil de lecture ou tablette.
Les modalités de dépôt sont celles du dépôt légal de l'Internet, prévues par le Code du patrimoine (art. L.131-2, L.132-2, L.132-2-1).
L'éditeur n'a aucune démarche active à effectuer auprès de la BnF.

Si la diffusion d'un livre numérique coexiste avec une version sur support papier ou électronique, celle-ci reste soumise à l'obligation de dépôt légal.
Un type de dépôt ne se substitue pas à un autre

www.bnf.fr/fr/professionnels/depot_legal/a.dl_sites_web_mod.html

Comment se déroule le dépôt légal des ebooks ?

Contrairement au dépôt légal traditionnel (des publications imprimées ou sur support audiovisuel, par exemple), le dépôt légal des sites Web n'implique aucune démarche active de la part de l'éditeur. Les collectes se font de manière automatique à l'aide du robot Heritrix, logiciel libre développé au sein du consortium IIPC, qui fonctionne comme les robots indexeurs des moteurs de recherche. Si tout ou partie du site est inaccessible au robot de capture pour des raisons techniques (base de données, contenu protégé par mot de passe, formulaire d'accès...) ou commerciales (contenu payant, abonnement ...), la BnF est susceptible de prendre contact avec l'éditeur au cas par cas pour trouver des solutions techniques afin d'améliorer la collecte du site.

Sur la même page du site de la BNF

Distribués par *immateriel*, mes ebooks sont repris par gallica.bnf.fr, donc bénéficient d'un dépôt, mais sans référence transmise.

La BNF précise :

La BnF ne peut garantir l'exhaustivité de ses collectes de l'Internet, compte tenu de la masse et de l'organisation des données en ligne. Elle procède par échantillonnage, selon des critères visant à assurer la meilleure représentativité possible. Plusieurs collectes se déroulent pendant l'année et, à chaque connexion, le robot d'archivage s'identifie directement auprès des serveurs de l'éditeur.

Si l'éditeur souhaite que son site Web soit ajouté à l'une des prochaines collectes, il doit adresser une demande par courriel.

Contrairement au dépôt légal à la BNF du livre papier, le prétendu dépôt légal des ebooks à la BNF ne constitue donc pas une protection automatique contre le plagiat. Réaliser un dépôt "copyright" via un site dédié à ce bizness est préférable si vous n'êtes pas distribué... ou préférez posséder des références précises à opposer immédiatement en cas de difficultés.

XVI) Edition numérique : publier sur les plateformes d'autopublication ou faire distribuer ses ebooks ?

Amazon propose le Kindle Direct Publishing sur lequel les auteurs peuvent s'auto-éditer.

Kobo développe la même approche.

Barnes et Noble aussi mais pas encore en France.

Apple simplifiera sûrement la possibilité de balancer sur la plateforme iTunes.

Des agrégateurs, genre Lulu (déconseillés), permettent aussi d'accéder à ces points de vente.

Alors ? Profiter de ces plateformes en pensant ainsi se faciliter la vie ? Attention : passer par KDP d'Amazon ne vous exonère pas des obligations fiscales même si je ne suis pas certain que l'ensemble des auteurs en ont conscience. Certes, certains ne toucheront sûrement jamais 100 euros. Mais si vous vous inscrivez dans une véritable démarche d'écrivain... préférez l'édition même 100% numérique sous votre propre label, avec une vraie distribution. Certes, Amazon et itunes génèrent la plus grande partie de mes ventes. Mais quelques ventes ailleurs, c'est parfois ce qui permet d'en vivre.

XVII) Questions diverses

- Vous nous proposez de demander un devis à un imprimeur parisien. Imprimez-vous vos livres chez lui ?
- J'ai imprimé mes deux premiers livres à Arras où je vivais puis à Chartres où le rapport qualité prix était nettement meilleur et toujours dans l'optique d'obtenir une prestation au rapport qualité prix encore meilleur, j'ai de nouveau changé ! Il s'agit donc bien de mon imprimeur. Si vous achetiez mes livres, vous le sauriez !

- Puis-je reprendre sur mon site votre documentation ?
- Non ! Mais vous pouvez naturellement signaler l'existence de cette référence.

- Je souhaiterai faire corriger mon livre avant de l'auto-éditer et je ne sais où m'adresser. Auriez-vous une adresse à me communiquer OU que pensez-vous des agents littéraires et en connaissez-vous de sérieux et dignes de confiance ?
- J'ai créé www.travailleurindependant.net pour permettre aux différents métiers de se rencontrer... je ne propose pas ce service... je n'en aurais pas le temps. Le site ne référence pas automatiquement mais vérifie les compétences.

- Mon statut, enseignant, m'interdit d'être TRAVAILLEUR INDEPENDANT... que faire ? Voulez-vous être mon éditeur ? Je suis fonctionnaire et je termine un livre. Ai-je le droit d'auto-éditer et de vendre mon livre ?
- Créez une association, avec des proches comme membres, et éditez via cette association... c'est le plus rapide... Mais vous pouvez sûrement désormais obtenir le statut d'auto-entrepreneur.

- Ouvrages initialement en langue étrangère. Pensez-vous que le processus que vous décrivez pour l'auto-édition peut s'appliquer dans le cadre de traductions en français d'ouvrages initialement en langue étrangère (avec accord de l'auteur évidemment) ?
- OUI... après accord de l'auteur... VOUS DEMANDERA-T-IL DES DROITS D'AUTEUR ? SI OUI... préférez la création d'une association.

- Auto-édition d'une traduction. Je représente les intérêts d'un auteur anglais qui voudrait faire traduire et éditer un livre qu'elle a écrit en anglais.
Sachant que c'est l'auteur qui est entrée directement en contact avec moi, il n'y a pas de rachats de droits ? L'auteur a-t-il tout à fait le droit de faire traduire et éditer un livre sans demander l'avis de l'éditeur anglais ? Si vous pouviez me renseigner à ce sujet, je vous serais très reconnaissante car j'avoue que je suis un peu perdue dans ce monde très fermé de l'édition que je n'ai fait qu'entrevoir du point de vue de la traduction.
- Si l'auteur a un éditeur anglais TOUT EST FONCTION DU CONTRAT AVEC L'EDITEUR. Qu'y a-t-il de prévu pour les traductions ? L'auteur peut se les réserver mais le plus courant est l'obligation de traiter les droits avec l'éditeur.

- Je souhaiterais savoir, en toute objectivité, si, de nos jours, il est possible de vivre de mes écrits en auto-édition?
Je crains cependant qu'il soit illusoire de croire ou faire croire qu'on puisse vivre de sa plume. Comment faites-vous pour vendre des milliers de livres ?
- Voyez http://www.ecrivainenfrance.com Sans oubliez que j'ai publié en 2005 mon dixième livre, en ayant accepté précédemment de vivre de peu (dont fin de droits,

rmi... toujours sans subvention)... Et je vis encore de peu (lire et écrire sont mes activités préférées) Naturellement, il faut vendre quelques livres ! Je suppose que vous n'avez jamais aucun de mes romans ni essais ! Vivre de peu pour tenir...

- Bonjour, et merci pour votre précieux site. Je suis justement en train de me poser quelques questions au sujet d'un roman que j'envisage d'auto-éditer. J'ai pris contact avec un imprimeur de Marseille dont on m'avait dit qu'il pratique des tarifs intéressants. Puis, découvrant votre site, j'ai fait établir un devis gratuit. Et là, je suis stupéfait car, en demeurant sur les mêmes bases (format, nb de pages, etc) puisque celles-ci ont été établies par le premier imprimeur, je constate que votre imprimeur parvient à un prix qui est la MOITIE de celui proposé par le marseillais. Et là je m'interroge : où est le truc? Y aurait-il une différence dans la qualité? Ou bien le marseillais pousse-t-il mémé dans les orties ? Quoiqu'il en soit, j'attends deux autres devis d'imprimeurs toulonnais pour tirer des conclusions...

- Une différence dans la qualité ? Pour vérifier... un conseil intéressé !!! (je peux quand même... parfois !) Achetez l'un de mes livres ! Je conseille le roman *LA FAUTE À SOUCHON* ?... J'ai également constaté de grandes différences de prix chez les imprimeurs !

- Bonjour, Je suis auteur de plusieurs livres large public. Pourtant, je souhaite les réaliser en auto-édition par choix d'indépendance. J'ai contacté votre imprimeur. Les prix sont très corrects et ils apportent une aide efficace non négligeable. J'ai reçu mes numéros d'ISBN. Seul hic... Mon avocat m'a dit de ne pas rester en nom propre car je pouvais être attaquable pour diffamation par rapport à des révélations sur des gens connus et actuellement en vogue. Créer une société semble aberrant et fiscalement, il parle de comptabilités et de gestion compliquée pour pouvoir passer par un diffuseur...? Que faire ?

- Il faut parfois ASSUMER !!! Et pas d'inquiétude... si une STARS VOUS ATTAQUE... cela vous fera une bonne pub ! J'ai moi aussi reçu un courrier de l'avocat d'un certain Francis Cabrel pour LA FAUTE À SOUCHON ? Soyons responsables de nos écrits !

- Demande d'infos pour mieux comprendre... vous dîtes dans votre site que pour la demande du n°ISBN (demande que j'ai faite en leur envoyant un courriel et effectivement j'ai reçu un papier à remplir). Vous dîtes donc dans votre site que l'afnil ne délivre plus que rarement des n°isbn aux auto-éditions qui en plus sont en dessous de 1000ex. Vous conseillez donc pour remplir le formulaire de donner le nom de votre partenaire en tant qu'éditeur et de déclarer 1000 exemplaires ? J'en arrive à ma questions : si je ne sais pas encore qui sera mon éditeur, ni quelle quantité je veux faire éditer, est-ce grave ?

- AU MOMENT DE DEMANDER UN NUMERO ISBN... le plus souvent le choix de l'imprimeur n'est pas encore défini... tout comme le nombre d'exemplaires à imprimer. Quant à la position de ne pas répondre pour moins de 1000 exemplaires... est-elle réelle ? Quelqu'un me l'a dit. Serait-ce possible alors ?

- Le site ....com : je viens de finir mon premier livre et je n'ai pas le temps de pouvoir m'occuper de sa publication. La publication sur internet me parait intéressante. J'ai vu un site ....com qui se propose moyennant finance de s'occuper de tout. Connaissez-vous ce site ?

- Si vous n'avez pas le temps de vous occuper de la publication d'un livre... laissez votre manuscrit chez vous... et reprenez-le quand vous pourrez vous y consacrez (si vous n'avez pas le temps de le promouvoir... avez-vous eu le temps de vraiment terminer sa rédaction ?) Ou alors trouvez un éditeur qui s'engagera vraiment car il croit en vous : il ne vous demandera pas d'argent. LA VIE d'écrivain ce sont des choix... VOUS CROYEZ VRAIMENT QU'UN SITE VA TOUT FAIRE À VOTRE PLACE ? Et même répondre aux interviews des journalistes ? Et même se rendre dans un salon du livre ? Et le promouvoir ? UN LIVRE DOIT TOUJOURS ÊTRE PORTÉ PAR SON AUTEUR...

- Comment faites-vous pour vous déclarer travailleur indépendant sans passer par la chambre du commerce ?

- Comme noté : rendez-vous à l'URSSAF.

- La Souscription AVANT édition ?

- Vu le tirage possible en édition numérique... la souscription devient... une perte de temps... éditez plutôt 500 livres et vendez...

- Je viens de découvrir sur mon site un commentaire négatif sur l'auto-édition et moi, qui m'a déplu au plus au point et j'aimerais que vous veniez y répondre directement en y mettant votre commentaire.

- Ne perdez pas votre temps avec les insultes ! J'en reçois aussi ! Pourquoi chercher à convaincre ? Supprimez le message et continuez !

- Info droits d'auteur. J'ai scané et remis en page une chronique historique de Morzine publiée de 1912 à 1926 par le curé du village mort en 1935. Puis je-publier cette compilation légalement, en en précisant l'auteur d'origine, y a t'il un risque avec d'éventuels héritiers ? NB : ce sera un petit tirage sur souscription, à 300 exemplaires maximum.

- Le droit d'auteur continue 70 ans après la mort de l'auteur... donc attendez au moins 2006 !... Ou alors, si vous connaissez les héritiers, ils seront sûrement heureux de votre initiative et vous donneront l'accord. [commentaire ancien ! 70 ans, sauf exceptions, comme les guerres]

- J'ai envoyé par mail un livre auprès d'une maison d'édition. Je reçois un coup de fil après lecture pour me faire savoir que mon livre après corrections et allègements personnels peut être édité. Toutefois, afin de payer les frais d'imprimerie je dois acheter pour revendre auprès de mon entourage 200 Livres. Il sera par ailleurs en librairies, fnac et cie. Sont-ce des pratiques courantes et est-ce que cette proposition est normale et intéressante ?
- Pratiques PLUS courantes QUE NE l'avoueront nombre d'auteurs... 200 exemplaires à 15 euros soit 3000 euros... vous payez MEME PLUS QUE LES FRAIS D'IMPRIMEUR...
Avec 3000 euros vous pouvez ETRE VOTRE PROPRE EDITEUR... Et ne pas compter sur des chimères...

- Je pense proposer la préface de mon prochain livre à un universitaire, en quelque sorte une manière de lui rendre hommage mais je ne tiens pas à ce que cette préface devienne sujet de brouille entre nous. Comment faire pour éviter toute ambiguïté en terme de droits ? Pour une illustration ?
- Un contrat ! Où l'auteur de la préface vous autorise à utiliser son texte gratuitement (ou montant symbolique... ou non !) et vous vous engagez à lui donner x livres. Naturellement il conserve les droits et à la page COPYRIGHT vous ajouter : préface : x. Même principe pour une illustration... il est vrai qu'il est toujours difficile de remplir ces formalités... mais si vous ne voulez aucun dommage ultérieur... Cela peut se passer sans papier ! J'ai

écrit une préface... l'auteur s'engageait à réaliser disons en contrepartie un album avec certains de mes textes... il ne l'a jamais fait ! Tant pis !

- Nous sommes quatre amis à désirer auto éditer un livre sportif sur un marché très limité. Estimations des ventes : 200 en France et 800 à l'étranger. Quelle est selon vous la procédure à suivre ? Est-ce que un seul doit remplir la fonction d'éditeur et établir des contrats avec les 3 autres ? Un contrat entre particulier a t-il une valeur ?
- Naturellement un contrat entre particulier a une valeur ! Mais l'auto-édition est comme le nom l'indique le fait de s'éditer soi-même... à quatre... créez plutôt une association.

XVIII) Faire soi-même : la réponse

Tout se publie... pourvu que le signataire, pas toujours l'auteur, soit connu. Acteur, chanteur, journaliste, politique, présentateur du vingt heures, d'un jeu ou de la météo, sportif, peu importe mais médiatique. Et même écrivain, cathodique, notable, introduit ou critique d'un grand journal. Ajoutons-y le copinage : chaque année un conglomérat poisseux s'abat sur les lecteurs potentiels... qui se soumettent, consomment du baratin au kilomètre, ne lisent plus ou se réfugient chez les classiques. Forcément c'est "la crise du livre", les professionnels récoltent les fruits de leur vénale dérive. Et pourtant persistent, mirettes sur le tiroir caisse : les "coups" gonflent les recettes, les auteurs reçoivent des miettes ou de la monnaie de singe.

Face à cette logique financière, que faire ? Geindre ? Partir à Paris et sympathiser avec une vedette ? Passer par le journalisme ? Abdiquer ? Fomenter un scandale, une polémique ? Traverser l'Atlantique à la nage ? Se contenter d'un éditeur pour l'honneur (qui ne versera aucun droits d'auteur) ? Un écrivain écrit ! Indifférent au dédain des arrivistes arrivés, ces mondains qui pavanent dans les salons parisiens et prétendent atteindre des tirages "corrects"... alors qu'ils conservent un métier... plus lucratif...

Ecrire oui, mais comment exister littérairement sans se compromettre ? Faire soi-même ! Etre son propre éditeur. Longtemps "faire soi-même" fut l'euphémisme complaisant accordé aux recalés du noble chemin, au "compte d'auteur", arnaque où des naïfs payent pour être publiés, payent de la publicité fictive ou inutile, payent toutes les prestations possibles et imaginables pour finalement rien, l'éditeur leur apprenant que leur texte n'ayant "pas trouvé son public", ils peuvent récupérer l'intégralité (en pareil cas le nombre initialement prévu est imprimé) moyennant... un nouveau chèque ! Ces éditeurs se justifient : ils apportent du rêve.

Une troisième voie existe désormais, fille du progrès : il est né le divin ordinateur ! À prix abordables, traitement de texte et imprimante laser permettent d'éviter soumission à la jungle éditoriale et pièges à passionnés (compte d'auteur donc et "ateliers de conception", son dérivé, qui facture la "mise en page" au prix... du matériel informatique). Il ne reste plus qu'à dénicher un imprimeur sérieux et le moins onéreux possible.

Avec l'autoédition, faire soi-même prend son véritable sens ; une démarche certes marginale et un brin utopiste mais d'avenir, d'auteur-artisan qui fabrique au moindre coût pour vivre son art, continuer, chercher plus loin. Vraiment indépendant et en toute légalité (n° d'éditeur : 2-9506158). Indépendant donc sans réseau de distribution. La grande difficulté. Alors, marcher à la rencontre des derniers liseurs, vendre par correspondance... Un pari catalogué insensé mais audacieux. Une école.

"Tout ouvrage non paru chez un grand éditeur manque de sève et de saveur" clament des pédants. Une liste, longue, d'incontestables talents partis au combat sans écurie, réfute pourtant cette sentence : Balzac, Diderot, Montaigne, Eugène Torquet (premier prix Goncourt), Lautréamont, Voltaire... Même Marcel Proust paya pour publier *Du côté de chez Swann*.

Finalement rien n'a changé : c'est à l'auteur de faire ses preuves, envers et contre les marchands.

Historiquement pouvoir montrer ses textes est une chance : n'oublions jamais que faute d'argent Arthur Rimbaud abandonna *une saison en enfer* chez son imprimeur. Et l'histoire jugera, séparera le mauvais grain de l'œuvre.

PREFACE de l'essai *Assedic Blues, Bureaucrate ou Quelques centaines de francs par mois*, Essai, 1997, 10,37 euros. Disponible en ebook nettement moins cher ! http://www.jean-lucpetit.net

XIX) En vivre

(écrit en 2005)

La propriété littéraire est la plus légitime de toutes.
Emile Zola

Le métier des lettres est tout de même le seul où on puisse sans ridicule ne pas gagner d'argent constatait Jules Renard.
Jules Renard est mort le 22 mai 1910.
L'exigence de vivre décemment de ses écrits est toujours déplacée. Editeurs, distributeurs, libraires, bouquinistes, imprimeurs, attachées de presse en vivent mais l'auteur est prié de confectionner des best-sellers, au moins 200 000 ventes annuelles, s'il veut en vivre.

Alors que 1000 exemplaires vendus à 18 euros, desquels on soustrait les frais d'impression, donnent 15 000 euros. Avec 100 000 francs français, l'écrivain (non mondain) tient facilement son année. Peut continuer.
Tout auteur vendant 1000 exemplaires est en droit d'essayer de trouver une solution pour en vivre. En vivre avec 1000 exemplaires ! Mais c'est de la folie mon cher monsieur ! Olivier Bétourné, des éditions Fayard, déclarait au Nouvel observateur du 21 août 2003 : « *Si nous ne vendons que 1000 exemplaires d'un roman, nous perdons 5000 euros* ».

Toute la différence entre l'édition industrielle et l'édition artisanale.
En vivre est une légitime exigence de l'écrivain. Le gâteau à se partager étant le plus souvent restreint, l'écrivain devra conserver au maximum l'argent généré par ses créations.

Et si possible, trouver, inventer, d'autres ressources, des droits dérivés. Internet est une chance.

Eprouver des réticences vis-à-vis de la publicité est compréhensible mais l'utiliser est raisonnable. Utiliser et non s'agenouiller. Des publicitaires désactivent de leur campagne les sites au « contenu non aseptisé »... ce n'est pas grave !

Quelques livres

« Il a été tiré de ce livre quarante exemplaires sur vélin pur fil Lafuma des papeteries Navarre »... L'indication d'un faible tirage de collection est fréquent... un jour, en entête des copies numériques, il sera spécifié : « il a été imprimé deux cents exemplaires papier de ce livre, dont quatre déposés à la Bibliothèque Nationale et un au ministère de l'intérieur dans le cadre du dépôt légal. »

Le dépôt légal « version numérique » sera un jour reconnu. Il suffira d'envoyer un texte à un serveur officiel dont les données seront sécurisées... le dépôt deviendra même plus fiable...
Certes, ça se dit peu, mais le dépôt légal disparaît parfois... La BNF est une passoire !
Certes, c'est encore raisonnable !... sur 35 millions « d'objets », quinze millions d'imprimés et vingt millions de documents spécialisés... 30 000 ouvrages sont absents...

Un rapport, *La sûreté des collections*, établi en septembre 2004 par Jean-Noël Jeannerey, président de la BNF, reconnaît les trente mille absences... Principalement des ouvrages des XIXème et XXème siècles. Dont 1183 documents du cœur précieux de la bibliothèque.

Vive le numérique ! Le numérique se copie... et la notion de vol n'englobe plus la disparition du document. Certes, une version numérique peut se détruire... comme un livre brûler... Mais il est plus facile de sécuriser une pièce contenant des milliers de disques durs qu'une passoire poussiéreuse.

Questions personnelles...

Il ne m'appartient pas de répondre pour vous aux questions essentielles de votre vie !
Vous semblez vraiment souhaiter vous auto-éditer... vu d'ici... Mais désormais, depuis 2014, est-il encore utile de fabriquer des livres en grande quantité ?
Aurez-vous accès aux salons du livre ? Vendrez-vous directement de nombreux exemplaires ? Certes, vous l'espérez !
Confier à Amazon la plus grande partie des ventes, n'est-ce pas préférable... désormais ?
Donc le nom createspace se doit **désormais** de figurer dans cette documentation... Il existe ainsi une autre voie, ce livre en papier est d'ailleurs imprimé par createspace...
Et je peux en commander en "tarif préférentiel", directement aux USA...

C'est un autre sujet, createspace... mais réfléchissez-y !

Abel Clarté, le père du nom auto-édition ?

Abel Clarté ? Le créateur de l'*Association des Auteurs Autoédités*, qui semble s'être marginalisée au point de ne plus apparaître sur Internet mais ne pas avoir été dissoute, sa dernière actualité officielle consistant en une modification du siège social le 28 mars 2003 (JO du 10 mai 2003). Elle revendiqua jusqu'à 500 membres.

« *C'est sous le coup d'une colère que j'ai, dès 1974, lancé un Appel dont l'écho fut une avalanche. Tout provient du prétexte invoqué dans la lettre par laquelle Simone Gallimard refusa mes Souvenirs. "Je m'en souviendrai de cette planète (1904-1939)" parut peu après à l'édition du Vivarais, obtenant un Prix du Conseil Général. Mais désormais la bombe était lancée : l'Association est prospère et les Auteurs Autoédités n'ont plus aucune honte à proclamer ce que tant d'autres occultent. beaucoup parmi nous ont des contrats normaux pour ce qui, dans leur œuvre, entre dans les collections de vrais éditeurs, mais éditent eux-même les textes pour lesquels ils ont une particulière prédilection ou une impatience. Après tout c'est par délégation des auteurs que les éditeurs éditent. Ni Vauban pour sa Dîme royale, ni Restif de la Bretonne pour son œuvre où beaucoup d'écrivains ultérieurs ont plus ou moins puisé, ni Gustave Eiffel - pour n'en citer que trois - n'ont eu recours aux "Gastons" de Paris* »
Dans une brochure sur le dixième anniversaire de l'Association.

Abel Clarté est mort le 25 mai 1996. Il était né le 1er avril 1904 en Ardèche, à Privas.
L'Association des Auteurs Autoédités, créée en 1975, déconseillait "naturellement" le compte d'auteur et

fournissait les informations nécessaires aux néophytes pour s'auto-éditer.

Abel Clarté avait publié son premier livre en 1932 : "ouvrage édité aux frais de l'auteur" PSYCHE, suivi de ECLATS en 1935, LES DERNIERS JOURS DE NANCEY en 1936...
En 1945, son roman RACE était publié "aux frais de l'éditeur (à compte d'éditeur) par "*Ed. Bière*" mais il lui faudrait attendre 1965 pour "retrouver un éditeur", en l'occurrence *La Table Ronde* pour "Le Vrai Drame De L'ecole De France."
Je m'en souviendrai de cette planète..., qui obtint en 1982 un prix du conseil général de l'Ardèche, fut publié "aux frais partagés Auteur Editeur."

Dans la même brochure il était noté : "*Abel CLARTE, a créé l'expression AUTEURS-AUTOEDITES. Il a banalisé le mot AUTOEDITION à partir de 1974. Il l'a probablement inauguré aussi.*"

Dans, *Le manifeste de l'auto-édition,* Stéphane Ternoise.

Arnaud Nourry dans nos vies...

"L'auto-édition a toujours existé : ça s'appelle l'édition à compte d'auteur."
Si cet "aphorisme" ne venait pas du PDG du premier groupe français d'édition, il aurait été possible d'en sourire.
Et il ne s'agissait nullement d'un vague propos de comptoir plus ou mois officieux mais d'une interview d'Arnaud Nourry pour *LES ECHOS*, par David Barroux (rédacteur en chef), Alexandre Counis (chef de service) et Anne Feitz (journaliste).
Du 8 octobre 2012.

L'auto-édition et le compte d'auteur ne sont pas amis !
Leur approche est tellement différente, divergente, intellectuellement inconciliable...

Monsieur Arnaud Nourry connaît suffisamment l'édition pour le savoir ? Alors, pourquoi ce résumé ? Le groupe Lagardère se sent menacé par l'auto-édition ? Nous qui ne sommes rien faisons peur ? Car comme l'écrivait Aurélie Filippetti *"voilà ce qui fait peur, parce que nous sommes le nombre, nous sommes la force, et eux ils sont la minorité qui nous exploite."* Non, voyons, on ne peut pas adapter cette harangue des *"derniers jours de la classe ouvrière"* au si éthique monde de l'édition contemporaine ?!

Un livre :
L'auto-édition ce n'est pas du compte d'auteur, cher monsieur Arnaud Nourry, PDG Hachette Livre de Stéphane Ternoise

Vos notes...

L'auto-édition ? Oui, non ?
En papier et numérique ?
Uniquement en papier ?
Uniquement en numérique ?

Pourquoi ?

Avantages, inconvénients ?

Auteur... Désormais Jean-Luc Petit publie sous le pseudonyme de Stéphane Ternoise
http://www.ternoise.net

À 25 ans, Stéphane Ternoise a quitté le confortable statut de cadre en informatique (qui plus est dans le douillet secteur des assurances), pour se confronter à son époque, essayer de vivre de sa plume en toute indépendance. Il redoutait de finir pantin d'un grand groupe où même les maisons historiques peuvent se retrouver avec Jean-Marie Messier ou Arnaud Lagardère comme grand patron.

Stéphane Ternoise est auteur-éditeur depuis 1991, devenu spécialiste de l'auto-édition professionnelle en France. Il créa « logiquement » http://www.auto-edition.com en l'an 2000, une activité alors quasi absente du web !

Son éclairage sur l'univers de l'édition française a rapidement suscité quelques difficultés, dont une assignation au Tribunal de Grande Instance de Paris, en juin 2007, par une société pratiquant le compte d'auteur, finalement déboutée en septembre 2009.

Dans un relatif anonymat, avant la Révolution Numérique, l'auteur lotois a néanmoins réussi à publier 14 livres en papier, à continuer en vivant de peu. Depuis 2005, ses livres étaient également en vente, marginale, en version numérique. Il s'agissait d'abord de simples PDF.

L'auteur-éditeur a consacré l'année 2011 à la réalisation de son catalogue numérique, publiant ainsi ses pièces de théâtre, sketchs et textes de chansons en plus des romans, essais et recueils adaptés aux formats epub et Mobipocket Kindle...

La multiplication des questions et l'information approximative balancée sur de nombreux blogs par de néo-spécialistes de l'auto-édition autopublication, l'ont décidé à écrire sur cette révolution de l'ebook. Le guide l'auto-édition numérique est ainsi devenu son web best-seller !

Depuis octobre 2013, et son « identifiant fiscal aux États-Unis », son catalogue papier tend à rattraper celui en pixels. Il convient donc de nouveau d'aborder l'auteur sous le biais de l'œuvre. Ainsi, pour vous y retrouver, http://www.ecrivain.pro essaye de fournir une vue globale. Et chaque domaine bénéficie de sites au nom approprié :

http://www.romancier.org
http://www.parolier.org

http://www.essayiste.net

http://www.dramaturge.fr
http://www.lotois.fr

Vous pouvez légitimement vous demander pourquoi un auteur avec un tel catalogue ne bénéficie d'aucune visibilité dans les médias traditionnels. L'écriture est une chose, se faire des amis utiles une autre !

Table...

Figeac
Vitrail de Joseph Villiet

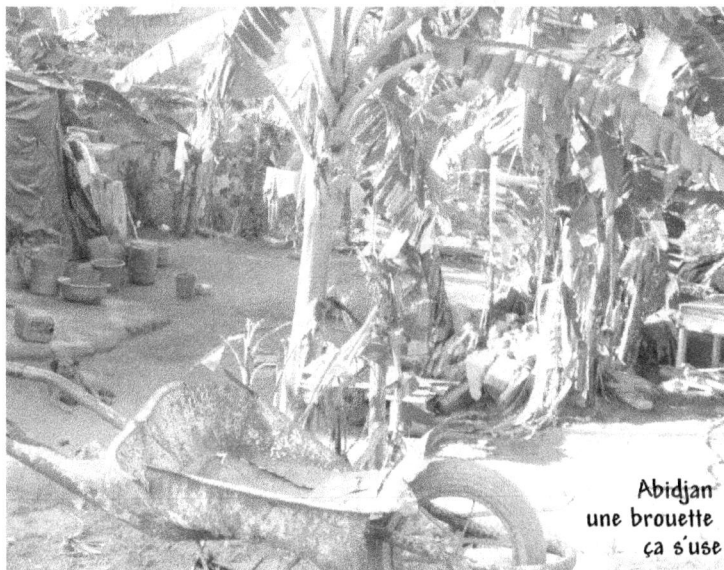

Abidjan
une brouette
ça s'use

63

"Je mets un billet de loterie dont le gros lot se résume à ceci : être lu en 1935."
Stendhal, au sujet de chacun de ses livres.

Tout écrivain sait qu'il doit aussi aider les internautes à le découvrir !
http://www.ecrivain.pro

Couverture :
Le château de Bonaguil. Photo de l'auteur.
Pourquoi ? Chacun apporte sa pierre au grand édifice de la Littérature.

Dépôt légal à la publication au format ebook. 24 janvier 2012

Imprimé par CreateSpace, An Amazon.com Company pour le compte de l'auteur-éditeur indépendant.
livrepapier.com

EAN 9782365414562
ISBN 978-2-36541-456-2
Auto-édition autopublication : faire soi-même, être auteur-éditeur Documentation d'aide à l'auto-édition de livres de **Jean-Luc PETIT**
© **Jean-Luc PETIT - BP 17 - 46800 Montcuq - France**
31 octobre 2013 - Révision août 2015.

www.ingramcontent.com/pod-product-compliance
Lightning Source LLC
Chambersburg PA
CBHW062104270326
41931CB00013B/3212